AF562186

JEUNE POËTE

IMPROVISATEUR.

POITIERS, TYP. ET STÉRÉOTYP. OUDIN.

UN

JEUNE POËTE

IMPROVISATEUR.

COMPTE-RENDU

DES SÉANCES D'IMPROVISATION

DONNÉES AU PETIT-SÉMINAIRE DE MONTMORILLON

PAR

ALFRED BESSE.

(*Voir le Courrier de la Vienne des 9, 10 et 12 juin 1865.*)

PRIX : 20 CENTIMES.

PARIS

TOLRA ET HATON, LIBRAIRES-ÉDITEURS

RUE BONAPARTE, 68.

1865

UN

JEUNE POËTE

IMPROVISATEUR.

Si l'adage *fiunt oratores, nascuntur poetæ*, a souvent trouvé des contradicteurs, ce n'est certes pas sans quelque raison, car les deux pensées du prétendu axiome sont assurément contestables, quoique dans une proportion différente ; en effet, on rencontre, même assez fréquemment, sur les tribunes populaires, des orateurs, éloignés sans doute de l'idéal dont parle Cicéron, mais qui ne sont pas non plus dépourvus d'un certain mérite, quand on songe surtout que la seule nature les a formés. Ceux-là *sont nés* orateurs, et une circonstance fortuite a suffi pour faire jaillir l'étincelle qui produira bientôt peut être les plus brillants reflets oratoires. Le raisonnement contraire est-il aussi facilement applicable au poëte et se peut-on *former* à cet art divin par la seule étude et un travail opiniâtre? Je ne le pense point. — Le travail *formera* de bons *versificateurs*, la chose même est commune, et dans ce sens le *nascuntur poetæ* manque aussi de justesse ; mais *former* des poëtes, de vrais poëtes, de ces intelligences presque célestes que l'inspiration enlève au moindre souffle en vous ravissant vous même avec elles dans ces régions qui sont plus près du ciel que de la terre, je ne crois pas que cela soit possible :

> Nul ne ressent du ciel l'influence secrète
> Si son astre en naissant ne l'a formé poète.

J'admets volontiers l'aphorisme en ajoutant néanmoins avec Horace.....

> ..... Ego nec studium sine divite venâ
> Nec rude quid possit video ingenium, alterius sic
> Altera poscit opem res et conjurat amice.

Une riche veine en effet servirait peu sans travail, mais une intelligence rude et grossière servirait moins encore et les deux choses se demandent un mutuel et bienveillant secours.

A plus forte raison, cette double entente devient-elle nécessaire au jouteur qui se veut livrer à l'improvisation poétique. Non-seulement il a dû ressentir dès le berceau la secrète influence de l'étincelle inspiratrice, mais encore il lui faut, après de fortes études, assouplir son esprit, châtier sa mémoire et s'exercer enfin à une gymnastique intellectuelle, hérissée de mille difficultés imprévues. L'improvisateur, en effet, affronte un public d'autant plus exigeant qu'il croit moins à la possibilité absolue de l'improvisation. Nous avons eu du reste, en France, peu de poètes en ce genre et, si nous exceptons M. Eugène de Pradel dont les succès prodigieux ont captivé, il y a vingt ans, l'Europe émerveillée, nous ne comptons sous ce rapport que de rares célébrités. L'improvisation remonte cependant à l'antiquité la plus lointaine : Homère lui-même, quand il jetait ses vers inspirés aux échos de la Grèce, n'était autre chose qu'un sublime improvisateur et les troubadours joyeux qui semaient, avec tant de charmes, dans les châteaux du moyen-âge leurs ballades et leurs virelais, n'ont-ils pas été vraiment les créateurs de l'improvisation française?

En Italie, l'art d'improviser en vers est facilement arrivé au plus haut degré de succès ; mais le grand et précoce développement de ce talent, a tenu beaucoup moins, il me semble, chez nos voisins d'outre-monts, à l'ardeur de l'imagination qu'aux facilités données par une langue souple et sonore, dans laquelle on peut d'ailleurs se permettre les plus grandes licences poétiques.

La langue française est, au contraire, de toutes les langues de l'Europe une des moins favorables à la poésie, à cause des obstacles sans nombre qu'elle impose à l'essor de l'imagination, et si les bons poëtes sont malheureusement rares en France, que ne devons-nous pas supposer de la rareté des improvisateurs? J'ai nommé tout à l'heure Eugène de Pradel, nous avons aujourd'hui M. Alfred Besse ; et, soit dit tout d'abord, le nouveau venu s'est déjà posé de façon à ne point laisser regretter son illustre devancier.

Mon but n'est certes pas d'établir ici une comparaison entre ces deux talents qui ne se sont, après tout, rencontrés que sur le terrain commun de l'improvisation. E. de Pradel, formé à l'école matérialiste de Bérauger et ne connaissant d'autre Dieu sans doute que celui des *bonnes gens*, ne puisait pas l'inspiration à sa véritable source, ses vers l'ont prouvé ; Alfred Besse est surtout un poëte chrétien, sa muse pure et noble emprunte au ciel ses accents les plus mélodieux et tandis que l'un se fait l'écho dans ses vers, bien tournés du reste, des plus grossiers appétits, l'autre semble écouter la voix d'un bon Ange et ne touche du doigt que les cordes les plus délicates de sa lyre inspirée. Le premier n'abordait enfin qu'un petit nombre de genres, le madrigal notamment et les tirades tragiques étaient son triomphe ; mais il est certaines formes de poésies pourtant fort gracieuses qu'il négligeait, parce qu'elles le trouvaient sans inspiration. Le second ne redoute aucune sorte de tours poétiques, et les plus pénibles entraves semblent même donner de l'aisance à sa verve ; le poëte se tire des plus sérieux embarras avec une souplesse incroyable. Le bout rimé, l'acrostiche. le monorime, le quatrain, la fable, le sonnet, la chanson et tous sujets possibles de fantaisie avec imposition de rhythme et de ton, aucun genre ne le trouve inférieur ; et si, chez M. de Pradel, la pensée était souvent sacrifiée à l'abondance de la diction ou aux exigences des rimes, chez Alfred Besse, il est toujours vrai de dire avec Boileau que

La rime est une esclave et ne doit qu'obéir.

Alfred Besse a, j'en conviens, sur son devancier un immense avantage. Eug. de Pradel avait 40 ans lorsqu'il se produisit dans le monde comme improvisateur ; or, ce genre d'exercice exige une dextérité d'imagination a laquelle on ne se prête pas aisément quand on ne s'y est point exercé dès l'enfance ; il est vrai d'ajouter néanmoins que son âge et la conscience de son incontestable talent lui devaient donner devant le public un aplomb qui ne conviendrait guère à la timidité modeste que l'on est en droit d'attendre d'un jeune artiste ; mais, chez M. Besse, malgré les 17 ans qu'il n'a pas encore accomplis, on trouve la maturité de l'homme avec la sève et toute la verdeur de la jeunesse. L'avantage de la position est donc, il me semble, du côté de notre jeune poète ; aussi je ne crains pas de lui prédire enthousiasme et succès partout où l'on aura la bonne fortune de l'entendre.

Ici ma tâche deviendrait fort difficile si je n'avais

toutes pièces en main pour convaincre mes lecteurs.

M. Alf. Besse vient de nous donner, au Petit-Séminaire, deux séances d'improvisation. Il en a donné une autre, et des plus brillantes, dans les salons de la famille de Moussac. Je l'ai suivi dans ces trois circonstances, avec une attention pleine d'abord, je l'avoue, d'une défiance excessive, car je ne croyais que médiocrement aux merveilles que racontaient les journaux d'un poëte encore enfant. Aujourd'hui, cependant, quand il me faut rendre compte de mes impressions, je sens que si je ne retenais ma plume, ceux qui n'ont pas joui de ces jouissances incomparables riraient de mon naïf enthousiasme, en se retranchant dans une impassible incrédulité.

Mais, je le répète, j'ai les preuves en main, je vais les donner ; et si malgré tout on ne voulait pas croire avant d'avoir vu, on peut se convaincre, la chose est facile, puisque le jeune improvisateur voyage et va, de plus en plus, multiplier ses séances. Tout le monde pourra ainsi contrôler par soi-même la justesse de mes appréciations personnelles, et comme j'ai assez entendu pour juger désormais en connaissance de cause, je ne crains pas de trop faire espérer du poëte, il ira comme partout déjà, bien au delà de toutes les espérances.

M. Besse se présente avec une modestie charmante, qui convient parfaitement à sa jeunesse et ne rehausse pas peu le mérite de son prodigieux talent. On lui impose un premier sujet, un bou-trimé d'ordinaire, il demande timidement *une* minute ou *deux* de réflexion pour coordonner quelques idées sur les mots plus que disparates qu'on ne manque pas de juxtaposer, puis sans effort et avec une merveilleuse limpidité il laisse couler de ses lèvres une poésie toujours originale, pleine de pensées, quelquefois piquante et légèrement malicieuse, avec un *trait final* qui ne manque jamais d'enlever les applaudissements de la salle. — Nous jetâmes d'abord au poète quelques premières rimes qui, je dois le dire, n'avaient pas été combinées dans le but de favoriser précisément aux idées du poète une transition facile. Qu'on en juge:

Chèvres , *mitron* , *lièvres* , *citron*
Allumette, *comète*, *bazar*, *pyramide*, *timide*, *César*,

M. Besse, après *deux seules minutes* d'un travail qui ne paraissait pas le préoccuper le moins du monde puisque, sans façon aucune, il priait nos élèves de vouloir bien causer pendant qu'il réfléchirait, M. Besse déclama, sans rien avoir écrit, les vers suivants qui le posèrent en triomphateur lorsqu'il semblait demander grâce :

Mes vers sont plus têtus qu'une troupe de *chèvres*;
Je les appelle en vain de ma voix de *mitron*.
Mon esprit, devant vous, peureux comme cent *lièvres*
Est plus aigre d'ailleurs que du jus de *citron*...
Plus maigre et plus pointu que n'est une *allumette*.
J'aurais besoin, je crois, du vin de la *comète*
Pour donner quelque entrain à mes vers de *bazar* ;
Car j'ai beau me gonfler comme une *pyramide*
Voyez, je suis, hélas ! bien jeune et bien *timide* :
On ne peut, à seize ans, être encore un *César*.

Un 2e bout-rimé de 40 vers n'eut pas moins de succès ; il serait trop long de tout citer ; l'imbroglio terminait par les rimes suivantes :

Bourrique , *Afrique* , *Phébus* , *omnibus*.

Vous allez me traiter de sot et de *bourrique*,
A mes vers on croirait que j'arrive d'*Afrique* ;
Mais je viens du Dorat et dis, malgré *Phébus*,
Qu'on est très-fatigué quand on sort d'*omnibus*.

Les traits vont abonder partout, et de la difficulté même jaillira désormais une lumière étincelante qui éblouit en charmant l'imagination.

Les mots *diapason*, *gazelles*, *demoiselles*, *blason*, *malade*, *salade*, etc., étaient imposés dans la soirée de Mme de Moussac. L'esprit délicat et plein d'à-propos du poëte lui suggère aussitôt les vers suivants dans lesquels l'harmonie imitative relève encore les charmes de la poésie; aussi les bravos et les applaudissements ont-ils plus d'une fois interrompu le gracieux trouvère :

Du souffle inspirateur je sens le *diapason*
Vibrer, lorsque je vois, ainsi que des *gazelles*
Briller, parmi les fleurs ces fraîches *demoiselles*
Dans un château paré d'un illustre *blason*.
Pardonnez toutefois si mon esprit *malade*
Des vers les plus mauvais vous fait une *salade*, etc.

Vinrent ensuite les quatrains. M. Besse demande à chacun un mot, une pensée qu'il tourne en quatre vers et toujours de la façon la plus aimable et la plus poétique.

Le mot *chaudron* peu inspirateur par lui-même et sentant par trop la cuisine et les fourneaux lui suggéra ces vers :

Quand j'improvise en mon délire,
Je ressemble à quelque mitron
Qui frapperait sur un *chaudron*
En le prenant pour une lyre.

Notre *Gartempe* ne s'attendait peut-être pas à l'honneur du quatrain suivant :

Sentant ici les vers bouillonner sous ma tempe,
Je crois vraiment que Dieu par un coup tout nouveau
De l'Hippocrène a mêlé l'eau
Dans les flots bleus de la *Gartempe*

Le sonnet sur la géométrie avec *rimes et sujet obligés*, eut parmi les écoliers un succès de vogue.

Voici quelles rimes avaient été imposées : *crayon, sangle, lampion, angle,—réflection, rectangle, rayon, étrangle, — carré, miserere, muse,—parrain, refrain, hypothénuse.*

Je suis prêt à jeter la plume et le *crayon*,
Plus interdit, hélas ! qu'un âne sous la *sangle*,
J'aimerais mieux cent fois allumer un *lampion*
Qu'improviser ici sur le cercle ou sur l'*angle*,

Car, malgré l'incidence et la *réflection*,
Je me perds au milieu d'un triangle *rectangle*
En appelant du ciel quelque petit *rayon*...
Un problème m'étouffe et la corde m'*étrangle!*

Grand Dieu ! faire en rimant l'éloge du *carré* !
Je suis prêt à crier plutôt : « *Miserere* ! »
Quel effrayant sujet pour ma tremblante *muse* !

Quand bien même j'aurais Apollon pour *parrain*,
Pourrais-je vous trouver quelque joli *refrain*
Sur la circonférence et sur l'*hypothénuse*

Mais ce n'était là qu'un préambule et nous ne connaissions encore que le plus mince côté du gracieux talent de M. Besse.

Les poëtes français maudissent les règles de notre prosodie alors qu'ils peuvent à l'aise choisir et leurs sujets et leurs phrases, réfléchir et corriger dans le silence : quelles ne doivent donc pas être les appréhensions de l'improvisateur ! Pensées bizarres, rimes incohérentes, mots imposés, rhythmes les plus étranges, tout peut, selon les exigences du parterre, se trouver réuni dans un même cadre à traiter, et il faut au pauvre poëte affronter le feu de la rampe avant d'avoir pu faire autre chose qu'entrevoir la solution de tant d'inextricables difficultés.

Ce ne sont pas toutefois les embarras si heureusement dénoués des rimes imposées qui font, à mon avis, le principal mérite de notre facile improvisateur ; c'est beaucoup sans doute, et ces ingénieuses solutions captiveraient même les auditoires les moins sensibles au charme poétique. Ce que j'admire avant tout, c'est l'unité de la pensée qui ne sacrifie rien aux exigences de la rime et ne dévie jamais de sa route, c'est la rondeur et l'harmonie de la phrase, c'est le tour gracieux et surtout la saillie, le *trait* qui donne du relief aux moindres choses, et laisse, en fin de compte admirer le poëte plus encore que le maître de la difficulté vaincue.

M. Besse avait demandé qu'on lui jetât des rimes au hasard : chacun fournit la sienne et on lui *imposa* comme sujet une boutade contre la société moderne.

Voici les rimes, dont la richesse n'est pas certes, pour quelques-unes, la qualité brillante, mais on comprend pourquoi. Le premier mot lancé était pris au vol et le poëte n'avait qu'à se résigner.

Fer, mer, — poupée, pincée, — coteaux, châteaux, — ressource, bourse, — chanté, sauté.

Je ne sais si ce siècle est d'argent ou de *fer*,
Et l'esprit s'y perdrait comme sur une *mer*...
Plus plâtrée aujourd'hui que n'est une *poupée*,
Ainsi que chaque cœur, chaque lèvre est *pincée*.
Nous sommes loin du temps où, courant les *coteaux*,
Les troubadours joyeux visitaient les *châteaux*.
Mornes, tristes, râpés, sans amis, sans *ressource*
Les rimeurs vont logeant le diable dans leur *bourse*,
Car ce siècle préfère au vers le mieux *chanté*
Une dinde truffée ou du lapin *sauté*.

Le rapprochement de deux idées qui semblent n'avoir entre elles aucune relation possible offre bien d'autres difficultés. Là, en effet, il ne s'agit pas, comme dans les bouts-rimés, de faire concourir des mots plus ou moins bizarres à l'expression d'une pensée : c'est la pensée elle-même, qui mise en regard d'une autre pensée par un contraste brusque et violent, doit sur-le-champ produire une alliance aussi piquante que juste et inattendue.

Pour faire mieux comprendre ce que peut être ce

genre, qu'on me permette de citer d'abord deux rapprochements fort heureux, donnés par M. Besse dans une précédente séance [1].

On avait demandé de rapprocher les deux mots *Ange* et *Puce* : le poëte répondit par le huitain suivant :

Hier, j'ai fait un songe étrange :
Vers le ciel prenant mon essor,
Je rêvais que j'étais un *ange*,
Et que j'avais des ailes d'or ;
Mais, du sort admirez l'astuce :
De mon destin émerveillé,
Je fus en sursaut réveillé
Par la piqûre d'une *puce*.

Dans le second, il fallait allier *crapaud* et *cathédrale*. Le trait final est un éclair.

Lorsque je vois Renan,
Armé d'un écritoire,
Vouloir mettre à néant
Jésus et son histoire,
Je crois voir, non à tort,
Un *crapaud* noir et sale
Baver avec effort
Contre une *cathédrale*.

Nous compliquâmes la difficulté en lui demandant de vouloir bien allier les deux mots *Clocher* et *Melon*, mais en 6 vers seulement, les 2 premiers de huit pieds féminins, le 3e de quatre pieds masculins, le 4e et le 5e de huit pieds féminins, et le 6e de quatre pieds rimant avec le 3e. Cette horrible gêne n'en fut pas une pour le poëte qui nous répondit presque sur-le-champ :

Allier, j'en perds la courage,
Melons et clochers, quel ouvrage !
    Par Apollon !
J'aimerais mieux, quoi qu'on en dise,
Faire, sur un *clocher* d'église,
    Croître un *melon*.

[1] Les deux huitains sont extraits de l'*Écho Roannais*. — 2 Avril.

Et pour mettre à une épreuve décisive son étonnante souplesse, *j'osai* lui proposer de traiter de nouveau le même sujet en quatrain, lui laissant cette fois le choix du rhythme. Voici sa réponse :

Melons ou clochers dans nos poches
Seraient gênants... c'est gros et d'ailleurs un peu long !
Mieux, je crois, vaut laisser les *clochers* sur les cloches
Et sous la cloche le *melon*.

Je ne crois pas qu'on puisse se mouvoir avec plus d'aisance au milieu de pareilles entraves et dans un si étroit espace.

Quand une pensée, un mot jetés a l'improvisateur, lui laissaient la liberté de ses allures, on sentait alors autre chose que le jouteur qui ménage ses forces pour la lutte et craint de se dépenser ; le poëte ouvrait ses ailes d'or et planait dans les espaces : nous le suivions émerveillés, et chacune des notes de sa voix tombait dans notre âme comme une mélodie enchanteresse ; je ne sais rien de plus frais que son *Ange des Fleurs*.

Il est un Chérubin aux ailes entr'ouvertes
Dont le front resplendit de célestes rayons,
Il voltige en chantant parmi les feuilles vertes
Et s'endort sur les fleurs avec les papillons,
Au bleu Myosotis il verse la rosée,
Il donne aux boutons d'or leurs plus riches couleurs ;
Ses soins rendent la séve à la tige épuisée
Cet Ange, c'est l'Ange des Fleurs.

C'est lui qui des lilas entr'ouvre les corolles,
C'est lui qui, dans les champs, fait fleurir les bleuets
Et qui, dans les prés verts, comme des auréoles
Fait éclore au soleil pervenches et muguets.
Il fait un éventail des plumes de son aile
Pour rafraîchir le lis fané par les chaleurs
Et chaque rose cherche à paraître plus belle
Pour plaire à l'Archange des Fleurs.

Alors que de la nuit les brises embaumées
Caressent les cheveux de l'enfant à genoux,
Sa voix qui retentit en notes parfumées
Fait redire aux échos les accents les plus doux.
Sa romance divine est si pure et si tendre
Qu'à l'aurore son chant fait répandre des pleurs,
Le rossignol se tait afin de mieux entendre
La chanson de l'Ange des Fleurs.

Quand au premier appel de l'inspiration, on sait rhythmer de telles pensées, ne faut-il pas être aussi riche de verve que d'imagination? ne faut il pas être vraiment poëte?

Je comprends maintenant ce qu'Ovide rapporte de lui-même quand il raconte ses premières années:

Sponte suâ carmen numeros veniebat ad aptos
Et quod tentabam scribere, versus erat...

J'avais cru jusque-là, je le confesse, à une exagération poétique, car je ne pensais pas qu'on pût *écrire* sans travail des vers aussi faciles que ceux de l'auteur des *Métamorphoses*. — Après les improvisations de M. Besse, je crois Ovide sur parole, puisque notre poëte peut traduire le célèbre distique et se l'approprier avec une variante à son avantage.

L'*Echelle poétique* dont E. de Pradel est, je crois, l'inventeur, mais que M. Besse a singulièrement compliquée en la perfectionnant, consiste à prendre une suite de rimes qu'on impose au poëte; et, quand il a traité son sujet, il retourne les rimes en commençant par la dernière et en donnant à ses mots, autant que possible, une signification différente de celle qu'ils avaient dans le premier travail. En tout cas, le sens de la pensée ne doit jamais être le même. L'exemple suivant fera mieux comprendre de quoi il s'agit.

Les rimes *bosse*, *crosse*,—*coquin*, *mannequin*,—*pie*, *toupie*, — *clocher*, *nocher*, — *plumage*, *ramage*, — *devin*, *ravin*,—*falaise*, *chaise*, avaient été imposées.

Après son recueillement habituel de *deux à trois minutes*, toujours au milieu des joyeux propos de l'assistance, M. Besse annonce qu'il va d'abord prendre les rimes dans l'ordre où elles ont été proposées et faire sur ces rimes une apostrophe de la *Routine au Progrès*, puis, qu'il fera ensuite répondre le *Progrès à la Routine*, en reprenant les mêmes rimes au rebours. — Voici cette double pièce :

LA ROUTINE AU PROGRÈS.

La Routine un beau jour, toussant, branlant sa *bosse*,
A ce siècle voulant donner un coup de *crosse*
S'écria : « Le Progrès, cet infâme *coquin*,
« Du plus bel Apollon ferait un *mannequin*.
« Les mortels aujourd'hui, plus bavards que la pie,
« Plus enfants que l'enfant armé de sa *toupie*,
« Sont contents quand ils font des courses au *clocher*
« Se raillant de la Parque et du fatal *nocher*.
« Grâce aux tailleurs, l'esprit se mesure au *plumage* ;
« Du corbeau, s'il est riche, on vante le *ramage* ;
« Avec le spiritisme, on se pose en *devin*,
« Dans un large fauteuil, comme dans un *ravin*,
« On s'enfonce ; et pourtant de Paris à *Falaise*,
« On dormait autrefois très-bien sur une *chaise*.

RÉPONSE DU PROGRÈS.

(Rimes renversées.)

Oui, vraiment, le fauteuil a remplacé la *chaise*
Et le chemin de fer traversant la *falaise*
Fait vibrer son sifflet jusque dans le *ravin*...
Notre siècle savant ne croit plus au *devin* ;
Les flatteurs, des coucous célèbrent le *ramage*
Et plument les badauds, en vantant leur *plumage*,
Le mécanicien remplace le *nocher* ;
Le temple le moins grand peut avoir son *clocher* ;
L'on devrait t'envoyer jouer à la *toupie*
Comme un enfant... Allons, tais-toi, ma pauvre *pie*,

Tu te crois un Narcisse et n'es qu'un *mannequin* ;
Tu viens de me traiter de fat et de *coquin*,
Mais, avant de crier en brandissant ta *crosse* :
« Les autres sont bossus », songe à ta propre *bosse* !

Ces tours de force ne semblent même en rien préoccuper le poëte, il se joue de la difficulté et, je dois le dire, car c'est l'impression commune, l'auditoire qui crée ces difficultés et paraît trouver une certaine jouissance à les multiplier, l'auditoire tremble involontairement pour le succès de chaque solution nouvelle; car le poëte a gagné son affection, chacun l'aime, et ce prosaïque arsenal de tant de rimes disparates et baroques passe devant l'imagination comme un fatigant cauchemar... Notre léger et subtil improvisateur ressemble alors au papillon qui butinant son nectar sur de gracieuses corolles, serait poursuivi par une troupe de mutins ; son aile ardente et légère lui fait éviter la turbulente engeance ; il voltige de fleur en fleur, et quand il s'est enivré de parfums, alors il déploie sa brillante écharpe, fait chatoyer au soleil ses couleurs éblouissantes et va se perdre victorieux dans les champs de l'azur. — Voilà notre poëte, voilà l'impression que nous avons tous vingt fois éprouvée dans le cours de ces intéressantes séances.

Bien d'autres genres ont été abordés ; je ne puis tout citer... des fables que n'aurait pas désavouées la *bonhomie* de Lafontaine, des épigrammes pleines d'une gracieuse malice, des sonnets qui trouveraient certainement grâce devant Boileau s'il venait de nouveau régenter le Parnasse, etc., etc.

Voici notamment un apologue qui enleva les suffrages. La difficulté proposée semblait inextricable, tant les circonstances fortuites accumulaient à l'envi les obstacles. — L'ingénieux à-propos de la solution n'échappera du reste à personne.

Quelqu'un avait à la hâte jeté sur le papier les deux vers suivants :

Il ne suffit pas de tout lire,
Il faut digérer ce qu'on lit.

On passa le billet au poëte avec prière d'improviser une fable dont ces deux vers seraient la morale. Liberté entière était laissée pour le choix du sujet; mais c'était déjà une passable torture, car cette morale tourne dans un cercle trop restreint pour donner beaucoup de latitude à l'invention, et les *trois fatales minutes* sont toujours suspendues sur le poëte comme l'épée sur Damoclès... M. Besse trouve pourtant qu'on lui laisse la partie trop belle et il insiste pour que, d'autre part, on lui impose un thême, n'importe quoi... Prenez *chat et chien*, dit une voix. — Merci, Monsieur, répondit modestement le jeune homme, mais un éclair brilla dans ses yeux ; nul doute, il avait entrevu la solution du problème. Cependant chacun tremblait pour le pauvre patient ; car, après les éblouissantes improvisations qui avaient précédé, on redoutait un échec ou du moins une faiblesse, et l'on se prenait à maudire tout bas l'inexorable morale. Or voici l'improvisation du poëte :

CHAT ET CHIEN

Morale imposée :

Il ne suffit pas de tout lire,
Il faut digérer ce qu'on lit.

Un vieux chat détestait un chien
Et voulant le tuer, le traître
S'en fut un beau jour chez un maître
Pharmacien.
Il lui dit : « A mon cœur votre mémoire est chère ;
« Grâce à vous, j'ai déjà sur mon vieil adversaire
« Essayé des poisons prônés par maint savant ;

« Mais dès qu'il a levé la patte,
« Ma foi, comme un vrai Mithridate,
« Il se porte aussi bien qu'avant..
« N'auriez-vous pas enfin quelque recette
« Pour expédier ce mazette ?...
L'apothicaire alors lui dit :
« Mon ami, prenez cet écrit ;
« Voilà votre affaire, elle est bonne ;
« Vous ferez lire au chien ceci bien lentement ;
« C'est un chapitre de Renan,
« Il est parfait et n'a jamais raté personne :
« Par Pluton, ça vous empoisonne
« Et selon la formule et des plus proprement... »
Bref, le matou comprit si bien la chose
Que sans autre avis, et pour cause,
Il vous administra la dose...
Le chien (vous devinez ce qu'il en arriva),
Le chien, parbleu, lut et creva.

Moi, Messieurs, pour mes vers je crains fort la satire,
Car ma fable manque d'esprit ;
C'était simplement pour vous dire
Qu'il ne suffit pas de tout lire.
Il faut **digérer** *ce qu'on lit.*

Peut-on être plus ingénieux et flageller plus vertement, sans avoir l'air d'y toucher, un livre qui, depuis quelques années, a fait les délices de la bohème et du cynisme littéraires ? Un chien qui crève pour n'avoir pu *digérer* le meilleur chapitre de Renan, c'est un trait découpé à l'emporte-pièce, et l'à-propos de la moralité ne le cède en rien à la désinvolture et au piquant de la narration.

J'appelle cela un triomphe.

Il est regrettable que nous ayons perdu bon nombre de vers débités la plupart du temps avec toute la chaleur de l'improvisation ; malgré leur bonne volonté, nos jeunes *sténographes* avaient peine à suivre le poëte, et disons que souvent le charme du récit paralysait les plumes. Or, que restait-il ensuite à nos mémoires éblouies de tant de brillants hémistiches ? Ce qui reste aux yeux d'une gerbe de feux d'artifice lorsque la dernière fusée a jailli dans l'ombre ; ce qui reste des vives couleurs de l'arc en-ciel après que le soleil s'est caché sous un nuage ; ce qui reste, hélas ! du parfum des roses quand les pétales odorants se sont une fois envolés sur les ailes de la brise... Quoi qu'il en soit, le souvenir de ces enivrantes séances fera certainement époque dans les fastes Montmorillonnaises ; je crois que, malgré tout, nous avons assez *recueilli* pour intéresser ceux qui liront ces quelques lignes, et j'ai réservé comme bouquet les pièces que M. Besse nous a improvisées à la campagne, au milieu des bois, le jour du grand congé qui suivit la première communion du Séminaire. La vivante nature, disons mieux, le *bon Génie* du poëte l'a plus heureusement inspiré que jamais ; aussi n'ai-je point à craindre d'importuner mes trop bienveillants lecteurs, quoique je me sente incapable de leur faire partager toutes mes impressions !

Une journée tout entière passée à la campagne fut toujours le plus cher espoir et la meilleure fortune des écoliers ; oublier pendant de longues heures qu'il existe au monde des auteurs et des dictionnaires, courir dans les bois, chanter avec le rossignol, dormir, comme diraient les poètes, auprès des claires fontaines à l'ombre des grands chênes !

..... Nunc viridi membra sub arbuto
Stratus, nunc ad aquæ lene caput sacræ.

Mais les ambitions de Collége n'ont jamais rêvé rien au-delà !

..... Mille non quærit tegi
Dives columnis.......
Sed rure vacuo potitur, et aperto æthere
Innocuus errat.....

Au lendemain d'une première communion surtout,

et par le plus beau jour de printemps, cette jouissance est complète et l'accord est parfait, car la nature est jeune comme les cœurs et les cœurs n'ont pas moins de sève que la riante nature... Ajoutez à cela, très-chers lecteurs, le charme d'une séance d'improvisation, alors que M. Besse était connu et apprécié de tous, et vous aurez une idée de l'enthousiasme, des espérances qu'avait fait naître la seule perspective d'un jour si amoureusement caressé par mille vœux impatients.

Disons enfin, que le poète se sentait tout-à-fait à l'aise. Les âmes vibraient à l'unisson et l'étincelle avait trouvé son fil conducteur ; on rimait à l'envi, des hémistiches étonnés naissaient sur les lèvres les plus innocentes, hélas ! du péché poétique, et l'on eût pu se croire un instant près de la double vallée, dans les bois d'Hélicon. Bref, puisque la veine était générale, on proposa, sous forme de distraction, et pendant qu'on faisait admirer au jeune improvisateur les rustiques trésors de notre ferme *modèle*, on proposa aux élèves de Rhétorique un exercice de bouts-rimés dont le sujet *imposé* serait l'éloge du Poëte. — Les mots étaient, à dessein, fort bizarrement assortis :

Gaze, *tuyaux*, *Pégase*, *aloyaux*, *raquette*, *piquette*, *mutin*, *abeille*, *corbeille*, *rotin*.

Cependant quelques pièces furent assez réussies pour qu'on pût ensuite en donner lecture publique à celui qui les avait inspirées. Il y eut même de bonnes saillies et des originalités piquantes, ce trait final entre autres :

Noble Besse, ton vers, c'est l'aile de l'*abeille*,
C'est le jonc gracieux qui tresse la *corbeille*.
Et contre les Renan sert parfois de *rotin*.

Après les spirituelles et vertes boutades que nous

avons citées, cette pensée dernière ne manque ni d'à-propos ni de délicatesse.

Notre jeune héros écouta donc avec une sympathie bienveillante et modeste les vers qui lui furent adressés. Naturellement, il voulut remercier, mais on l'attendait là : la prose lui fut interdite, on lui passa les rimes à la hâte et il dut prendre son parti, car nous avions désormais le droit d'être exigeants. La tâche était cependant plus laborieuse que de coutume ; en effet, une douzaine de pièces, environ, avaient été lues, les rimes se trouvaient par conséquent exploitées de toutes les façons et nul doute que l'improvisateur ne voudrait marcher dans aucun des sentiers frayés. Sa réponse fut aussi neuve que triomphante.

En entendant les vers dont votre esprit se *gaze*,
Apollon, de dépit, a brisé les *tuyaux*
De sa flûte, et déjà je vois maigrir *Pégase*
Plus qu'un gourmand privé de ses gras *aloyaux*.
Pour vous, le bout-rimé n'est qu'un jeu de *raquette*,
Vous changez en nectar ma mauvaise *piquette*,
Et cet esprit, Messieurs, aujourd'hui si *mutin*
Ira, demain peut-être, ardent comme *l'abeille*,
D'âmes pour le Seigneur emplir une *corbeille*,
Ou du martyre un jour affronter le *rotin*.

Mais voici que les élèves forment sur la pelouse une ceinture animée, quelques bons amis de notre Séminaire avaient voulu partager les douces émotions de cette champêtre et joyeuse fête de famille, la scène était vraiment faite pour inspirer : d'un côté, les bois pleins de mélodieux ramages et de l'autre, des prairies ondoyantes et parfumées, plus loin la radieuse campagne et, dans le fond du tableau, la silhouette du Séminaire avec sa flèche gracieusement découpée sur le ciel bleu. C'était un ravissant spectacle : aussi notre aimable poète, toujours délicat et courtois, ne manqua-t-il pas d'en faire le sujet de son premier bout-rimé :

Qu'il est bon d'oublier le monde et ses *tourmentes*
Dans ces bois parfumés.....

. . . .

Comme aux plus belles fleurs revient le *papillon*.
Je reviendrai rêver près de *Montmorillon*.

Le *triolet* demandé sur le clocher qu'on apercevait à l'horizon est aussi doux que limpide :

A l'ombre du clocher béni,
De votre Petit-Séminaire,
L'hirondelle abrite son nid
A l'ombre du clocher béni ;
Et moi, j'ajoute : Heureux celui
Qui peut passer sa vie entière
A l'ombre du clocher béni
De votre Petit Séminaire !

Si l'on songe aux embarras que doit susciter à l'improvisateur le retour obligé de la phrase dans ce genre de composition, ce n'est plus de l'étonnement qu'on éprouve quand des vers aussi faciles coulent des lèvres du poëte inspiré ; mais l'admiration, les bravos et les applaudissements jaillissent à la fois des cœurs, des bouches et des mains de l'auditoire.

Cette séance fut trop remplie pour que je puisse citer ici toutes les jolies pièces qui furent improvisées ; je me bornerai aux traits saillants :

Voici quelques strophes d'une poésie demandée sur la première communion :

. . . .

Des lis au doux parfum que l'abeille respire
Ouvraient près de l'autel leurs boutons embaumés :
Et les enfants priaient, et nul n'aurait pu dire
Qui des lis ou des cœurs étaient plus parfumés.

. . . .

Un Archange, venu des sphères éternelles,
Descendit parmi nous,
Et, sa harpe à la main, il couvrit de ses ailes
Les enfants à genoux.

Il regarda le ciel ; la corde frémissante
Résonna sous ses doigts,
Et l'orgue s'arrêta sous la voûte tremblante
Pour écouter sa voix.

« Vos petits fronts sont purs, vos lèvres sont joyeuses,
Dit il, « enfants si doux,
« Et lorsque vous priez, les phalanges pieuses
« S'inclinent devant vous.

« Restez ainsi toujours, pour qu'à l'heure suprême,
« Par les élus bénis,
« Dans le sein bienheureux du Seigneur qui vous aime
« Vous soyez réunis. »
Il cessa. ....

L'éloge du *Zouave pontifical*, avec sujet et rimes imposées, excita des bravos unanimes.

Je détache quelques vers de la fable des *Deux Ecoliers* ; cette fable pétille de reparties charmantes.

. . . .

Le second, de mentir avait pris l'habitude,
Mais il mentait comme un vrai roi,
Et, si, messieurs, par aventure,
On le prenait les doigts dans quelque confiture,
Il répondait : ce n'est pas moi.
Bref, c'étaient deux enfants terribles ;
Le professeur les gourmandait
Et chaque jour, au ciel il demandait
De corriger ces deux incorrigibles.

Ce n'est pas à dire qu'il n'échappe point de temps en temps quelques vers faibles, on en trouvera certainement dans ceux que nous avons cités ; mais si l'indulgence est accordée au poète qui travaille à loisir, que ne doit-on pas à l'improvisateur ? Ces imperfections d'ailleurs disparaissent sous les éblouissements et la magnificence de l'ensemble [1], et c'est le cas ou jamais de répéter avec le critique latin :

... Ubi plura nitent in Carmine, non ego paucis
Offendar maculis.....

M. Besse prodigue trop la lumière pour qu'on puisse remarquer çà et là quelques ombres.

Plusieurs quatrains, pleins de verve et de finesse, eurent aussi beaucoup de succès et si je craignais de blesser la modestie de notre R. P. Supérieur, j'aimerais à citer notamment celui de la *Scène Champêtre.* Je ne puis, quoi, qu'il en soit, résister à la tentation de donner le suivant :

L'un de nos meilleurs amis, mais en même temps un ennemi implacable de la réclame, quoiqu'il ait fait des livres (soit dit sans malice), avait beaucoup regretté qu'un fâcheux contre-temps l'empêchât d'assister à cette séance ; il en eût été plus intéressé que personne. Quelqu'un des assistants, pour le dédommager, se fit alors son *bienveillant* interprète et demanda un quatrain sur le *prospectus.* — Sauf meilleur opinant, je trouve parfait l'à-propos de la réponse :

Depuis les jours lointains où feu Cincinnatus
Ramait ses choux, chacun, sur cette pauvre terre,
Ne fait-il pas, *avec plus ou moins de mystère*
Chacun ne fait-il pas son petit *Prospectus* ?

L'idée de faire ainsi poser Cincinnatus, dont la modestie calculée n'était en somme qu'une réclame pour la postérité, n'est-elle pas vraiment ingénieuse ?

[1] Cet ensemble que j'appelle *merveilleux* sans rendre toute ma pensée, va ressortir admirablement dans le RECUEIL D'IMPROVISATIONS que M. Besse prépare en ce moment pour le public. — Les sujets en sont tellement variés et ce genre de composition offre tant d'attraits à la lecture que je ne crains pas de prédire à ce livre un prodigieux succès. — Voir à la fin du Compte-rendu.

et chacun de nous, mon Dieu, *avec plus ou moins de mystère*, n'en fait-il pas autant?... C'est l'avis du poëte, ce n'est certes pas moi qui le contredirai.

Mais j'ai hâte d'arriver au tour de force le plus incroyable, j'imagine, qu'un improvisateur se soit jamais *permis*.

On demandait à M. Besse une chanson à propos de musique ; l'un exige une *octave* de couplets, l'autre une *quinte* de vers à chacun, le troisième veut des vers de huit pieds en l'honneur des huit notes. Bref, voici la combinaison à laquelle on s'arrêta : huit couplets de cinq vers chacun, trois de huit pieds et deux de douze, disposés toutefois au gré du poète, mais avec la condition expresse de terminer chaque strophe par le nom successif de chacune des notes de la gamme.

Le poète, sans préoccupation visible néanmoins demanda exceptionnellement *cinq* minutes pour réfléchir. Voici son improvisation dans laquelle il nous donne *au moins six fois* par strophe le mot qu'on lui imposait seulement comme finale.

Ut, ré, mi, fa, sol, la, si, ut...
L'hiatus est permis en faveur du solfége
Mais que la Muse me protége,
Puisqu'il me faut chanter pour arriver au but :
Ut, ré, mi, fa, sol, la, si, **ut**.

Ré-fléchissons, le plus mad-**ré**
Ne s'en tirerait pas ; pour moi j'en perds la tête.
Ré-pondez, se voir *en-ca-d-***ré**
De la sorte, croit-on que ce soit un honnête
Ré-gal ; Messieurs, misere-**ré** !

Mi-séricorde ! car je **m'y**
Perds ; j'en ai la migraine, et je crois voir ma lyre
Mi-se en pièces. Que si que **mi**,
Je veux en ex-voto donner, si je m'en tire,
Mi-lle cierges à saint Re-**my**.

Fa-sse le ciel que pour un **fa**
Je ne sois pas cloué trop longtemps sur ma chaise !
Fa-meux ! car un soyeux so-**pha**
M'offre à point son gazon, j'y peux chanter à l'aise
Fa *lon laire* et *laire lon* **fa.**

Sol-fions : ut, ré, mi, fa, **sol.**
M'y voilà ! mais allons chercher quelque tranquille
Sol-itude ou quelque entre-**sol,**
Voire même une cave, où je trouve un facile
Sol-o sur la *quinte* et le **sol.**

La peur que l'on ne crie : ho-**là** !
Sur moi, comme Boileau (le trait d'histoire existe)
L'a fait jadis sur Atti-**la,**
Me fait trembler ; je suis entré là dans un triste
La-byrinthe, restons-en **là.**

Si je vous demandais mer-**ci,**
Ce serait fort prudent, je crois que je m'enferre.
Si-lence ! je m'arrête i-**ci,**
Sans quoi, je ne pourrai jamais sortir d'affaire...
Si... M'y voici, couci cou-**ci.**

Ut, ré, mi, fa, sol, la, si, **ut** ;
C'est le compte, il me semble, et vive le solfége !
Je vois qu'Apollon me protége,
Puisque je puis chanter en arrivant au but :
Ut, ré, mi, fa, sol, la, si, ut.

Chaque trait se trouve si heureusement amené que je vois là un éclair d'inspiration originale, mais ce doivent être de ces heureuses conceptions dont on ne trouve sans doute pas deux fois la veine et le secret.

Je termine enfin par l'*Ange des bois*. Ce fut le dernier chant de notre poète ; ses notes vibreront longtemps dans les cœurs.

Chaque ange a son domaine ;
L'un veille sur les prés
Et l'autre à la fontaine
Donne ses flots dorés.
Mais Dieu pour mon partage,
En créant l'univers,
M'a donné le bocage
Et ses arbustes verts.

Ma voix possède un charme étrange ;
Mon front est pur comme ma voix.
Par moi l'on peut goûter un bonheur sans mélange
Car c'est moi qui suis l'Ange
Des Lois.

Je fais germer le lierre
Sur l'arbre du vallon,
La mousse sur la pierre,
Les fleurs sur le buisson.
C'est moi dont la main verse
La sève aux vieux ormeaux ;
C'est moi dont la main berce
Le nid sur les rameaux.

Ma voix possède un charme étrange ;
Mon front est pur comme ma voix.
Par moi l'on peut goûter un bonheur sans mélange,
Car c'est moi qui suis l'Ange
Des bois.

Quand le chasseur apprête
Son poignard acéré,
Je guide la retraite
Du cerf dans le fourré.
Sur la verte colline,
C'est moi qui donne encor
Les fleurs à l'aubépine,
Au verger ses fruits d'or.

Ma voix possède un charme étrange ;
Mon front est pur comme ma voix.
Par moi l'on peut goûter un bonheur sans mélange,
Car c'est moi qui suis l'Ange
Des bois.

Et lorsque dépouillée
De fleurs et de gazon,
La plaine est sans feuillée
Et le nid sans chanson,
Prenant la branche morte
Pour attiser son feu,
En chantant je la porte
Au pauvre du bon Dieu.

Ma voix possède un charme étrange ;
Mon front est pur comme ma voix.
Par moi, l'on peut goûter un bonheur sans mélange,
Car c'est moi qui suis l'Ange
Des bois.

Lui aussi, le ravissant poëte a un Ange qui chante tout bas à son oreille et dont il est le fidèle et harmonieux écho. Ah! qu'il chante longtemps, qu'il chante toujours sous cette docile inspiration. L'enfant grandira, le poëte de seize ans deviendra bientôt un homme, et quand il sera mûr, bien des illusions déjà auront passé décolorées devant son regard. Jusqu'à présent il n'a effeuillé que des roses, sa main va rencontrer les épines. Peut être rêve-t-il, hélas! — que ne rêve pas un poëte? — peut-être rêve-t-il, comme le chantre des Odes, un nom, de la gloire, de l'immortalité.

Quod si me lyricis vatibus inseres
Sublimi feriam sidera vertice.

C'est bien sans doute, mais je te souhaite mieux encore, noble enfant de la sainte poésie, je te souhaite de rester ce que tu es, je te souhaite un cœur jeune toujours, un cœur toujours inondé comme aujourd'hui de la sève catholique. Je souhaite que les Anges que ta lèvre mélodieuse a si bien chantés, veillent sur toi comme sur un frère chéri. Ainsi tu feras fructifier le talent d'or que t'a confié le père de famille et tu vogueras sans crainte au milieu des écueils : *Angelis suis Deus mandavit de te ut custodiant te in omnibus viis tuis*. C'est mon souhait d'ami pour les heures si pleines de charmes qu'il nous a été donné de passer avec toi.

L'Abbé W. Moreau,

Professeur au Séminaire.

Poitiers, typographie de Henri Oudin.

POUR PARAITRE PROCHAINEMENT :

CHOIX

DES

IMPROVISATIONS POÉTIQUES

DE M.

ALFRED BESSE.

Un beau volume grand in-18 jésus, avec Préface et Notices.

Prix net : 1 Franc.

Pour les Souscripteurs à **50 exemplaires** et au-dessus, chaque volume. . . **50** c.

Monsieur Besse prépare, en ce moment, un Recueil d'Improvisations choisies, qui sera livré au public dans le courant des vacances. Le talent du jeune improvisateur y brillera sous les aspects les plus variés, et chacun des genres qu'il traite dans ses séances journalières y sera largement représenté. Les francs amis de la belle et bonne littérature ne manqueront donc pas de se procurer et de *répandre* ce poétique volume. — Le prix si modeste auquel son auteur le donne, prouve d'ailleurs, plus que tout ce que l'on pourrait dire, le désintéressement du poëte, et que c'est moins une affaire de spéculation, qu'une œuvre d'excellente propagande.

Nota. — Les Professeurs et les Élèves du Petit-Séminaire de Montmorillon, ont été heureux d'ouvrir la liste de M. Besse, par une souscription à 800 exemplaires, de cet intéressant Ouvrage.

On souscrit à Paris, chez MM. Tolra et Haton, Éditeurs, rue Bonaparte, 68, ou entre les mains de M. Alfred Besse.

L'argent ne sera versé qu'à l'apparition du Volume.

AVIS IMPORTANT.

Les **PUBLICATIONS MUSICALES** de M. l'abbé W. MOREAU se trouvent à la même Librairie. — Le CATALOGUE bien complet de ses Œuvres sera expédié *franco* à toute personne qui en aura fait la demande.

(Remises ordinaires de Librairie.)

PUBLICATIONS MUSICALES

De M. l'Abbé W. MOREAU, Professeur

AU PETIT-SÉMINAIRE DE MONTMORILLON [Vienne].

LA COURONNE

HARMONIEUSE

12 MÉLODIES

SUR LES FÊTES DE LA SAINTE VIERGE

Solos et chœurs à 2 et à 3 voix égales

AVEC ACCOMPAGNEMENT D'HARMONIUM.

Chaque Mélodie se vend séparément au prix net de 0, 75 cent.

NOTA.—Ces Mélodies forment ensemble un splendide Volume enrichi de LÉGENDES sur les Fêtes de la Sainte-Vierge et des textes de l'Ecriture Sainte qui ont été traduits ou imités dans les douze Cantiques.

Au lieu de 9 fr., prix des Mélodies séparées

Le Volume, net et franco : 6 fr. 50 cent.

COURONNE-ÉCHOS

TEXTE AVEC MÉLODIES

Les 12 Mélodies de la **COURONNE**, suivies de 15 Cantiques extraits des **ÉCHOS**, forment un joli Volume in-18 Jésus. — Chacun de ces 27 Cantiques est précédé de sa MÉLODIE, de façon qu'en réalité on a ainsi deux ouvrages réunis en un seul.

Prix net : 1 fr. 50 c.—La douzaine : 15 fr.—Texte seul, net et franco 25 c.

LES PARFUMS

DE LA MÈRE ADMIRABLE

Recueil de Cantiques, Litanies et Motets, en l'honneur de la très-sainte Vierge. Un riche volume grand in-8° illustré de SIX belles Chromo-Lithographies, 5e édition, net et franco. . . . . 10 fr.

MOSAÏQUE MUSICALE

RECUEIL DE MORCEAUX POUR HARMONIUM

Net et franco : 6 fr. 50 c.

LES ÉCHOS

DE

LA SAINTE MONTAGNE

32 CANTIQUES A PLUSIEURS VOIX AVEC ACCOMPAGNEMENT

DÉDIÉS

A NOTRE-DAME IMMACULÉE

NOTA. — Ce Recueil est enrichi d'un BREF de sa Sainteté PIE IX.

8ᵉ ÉDITION.

Un beau volume grand in-8°, édition de luxe, net (franco) **8 fr., paroles seules, net 50 cent.**

On peut se procurer, à part, les 12 Mélodies suivantes, au prix de 50 cent. chacune :

1re SÉRIE, *Solos, Duos et Trio :* **Son Nom** (*duo*), **l'Autel** (*duo*), **l'Angelus** (*solo*), **l'Espoir** (*duo*), **A Toi** (*trio*), **l'Immaculée Conception** (*solo et duo*).—Ensemble, *net :* 2 fr. 50 c.

2e SÉRIE, *Chœurs avec solos :* **les Échos, — le Serment, — l'Étoile de la mer, — les Montagnes, — les Fleurs, — Amour et Prière.** — Ensemble, *net* : 2 fr. 50 c.

LES DEUX SÉRIES *demandées à la fois :* net (*franco*), 3 fr. 80 c.

Le rapide écoulement des premières éditions de ce Recueil atteste combien cet Ouvrage est goûté du public. Sans entrer ici dans un détail superflu, qu'il nous suffise de mentionner les approbations flatteuses que l'Auteur a reçues du R. P. GIROD et de MM. F.-J. FÉTIS, DANJOU, A. PANSERON, D'ORTIGUE, R. GROSJEAN, TH. NISARD, AL. SOWINSKI, J. REGNIER, etc.—Nous ne parlons pas des nombreuses lettres de félicitations adressées à M. l'abbé **W. Moreau** par les Souscripteurs à ses **ÉCHOS** : tous ces témoignages sont unanimes dans l'expression de leur sympathie.

Voici notamment quelques extraits d'une lettre de critique musicale écrite à M. l'abbé **W. Moreau** par le célèbre Directeur du Conservatoire de Bruxelles :

« Monsieur l'abbé, — J'ai parcouru avec le plus vif intérêt votre Recueil des » *Echos de la sainte Montagne.* J'aime à vous féliciter, Monsieur l'abbé, de vos » heureuses inspirations et du caractère si éminemment religieux qui distingue sur- » tout ces charmants Cantiques... Continuez donc vos efforts pour la popularisation » du sentiment de l'harmonie... En dépit de la bonne organisation du peuple pour la » musique, dans certaines parties de la France, cet art y a été négligé longtemps par » défaut d'éducation et il y est encore fort arriéré. C'est aux jeunes Artistes zélés, » tels que vous, Monsieur l'abbé, qu'il appartient de produire un changement favo- » rable à cet égard.

» Veuillez agréer, etc. » F. J. FÉTIS, *Directeur du Conservatoire.* »

LES ÉCHOS sont reliés en ALBUM aux conditions de

LA VOIX DES FLEURS.

LYRA ANGELICA

RECUEIL DE MOTETS, ANTIENNES, HYMNES, ETC., ETC.,

EN L'HONNEUR DU TRÈS-SAINT SACREMENT ET DE LA SAINTE VIERGE.

NOUVELLE ÉDITION.

Deux années de la LYRE ANGÉLIQUE sont publiées et forment un magnifique Volume grand in-8° de 200 pages de musique, avec Préface et Table alphabétique. — La LYRE comprend 40 morceaux, sans compter les VERSETS, POSTLUDES, etc., et les deux SUPPLÉMENTS qui la complètent (*Voir ci-dessous l'annonce des* LITANIES *et du* TE DEUM). Ce Recueil forme ainsi un beau Répertoire pour les Saluts de l'année, et MM. les Maîtres de Chapelle y trouveront un ensemble varié de morceaux disposés pour tous les genres de voix.

Les Accompagnements de la LYRE sont, la plupart, disposés pour être joués indépendamment du chant.—Ils peuvent donc servir comme ELEVATIONS, VERSETS, COMMUNIONS, quelques-uns même comme OFFERTOIRES, ce qui rend en même temps ce Recueil *très-utile à* L'ORGANISTE.

CHAQUE ANNÉE SE VEND SÉPARÉMENT.

7 Livraisons, net : 8 fr. — Chaque Livraison, net : 1 fr. 50 c.

ENSEMBLE : les deux années, avec LITANIES et TE DEUM, au lieu de **23** fr., prix des Livraisons séparées, net et *franco* : **15** fr.

NOTA. Nos Souscripteurs nous sauront gré de leur donner la *traduction* d'une lettre adressée à l'Auteur de la LYRE par le R. P. SCHUBIGER, Bénédictin d'EINSIEDLEN. — Les intéressants travaux du savant et modeste Religieux allemand, Maître de Chapelle à NOTRE-DAME-DES-ERMITES, sont trop appréciés des érudits pour qu'il nous soit besoin d'appeler l'attention sur l'autorité de ce document :

« Cher Monsieur l'Abbé,

» Avec votre lettre j'ai reçu la LYRE que vous avez eu la bonté de » m'envoyer : le tout m'a été fort agréable. Merci donc, cher Monsieur, » pour ce remarquable ouvrage qui porte si dignement au front le titre » d'*Angélique*. Toutes ces œuvres sont dignes de louanges, mais que » puis-je ajouter après que notre célèbre Maître, le Nestor de la mu- » sique, M. FÉTIS, vous a publiquement décerné un si juste tribut d'é- » loges... — Sur votre demande, je vous adresse en même temps que » cette lettre, le Cantique de la bienheureuse Vierge, MAGNIFICAT, » que, pendant l'Octave de son Immaculée-Conception, j'ai composé » tout exprès pour votre LYRE. Il ne sera pas, j'ose espérer, indigne » d'y être inséré, car je l'ai écrit à dessein dans le style sévère des » modes ecclésiastiques. — Continuez, M. l'Abbé..., etc. »

» D. ANS. SCHUBIGER. »

Voir ci-après l'annonce des SUPPLÉMENTS qui complètent la LYRE ANGÉLIQUE.

BIBLIOTHEQUE NATIONALE DE FRANCE
3 7502 00987916 6

www.ingramcontent.com/pod-product-compliance
Lightning Source LLC
LaVergne TN
LVHW020246230826
846091LV00006B/2276

* 9 7 8 2 0 1 3 3 6 9 6 8 8 *